Marcus Lautenbache
Familien_gottesdienste
für die Fastenzeit

Taufvorbereitung
u. Taufgespräch
Markus Graulich\Ralph Heimann

Wir dürfen wissen, dass Gott weiß,
was wir bedürfen, ehe wir darum bitten.
Das gibt unserem Gebet größte Zuversicht
und fröhliche Gewissheit.

Handeln, weil
Gott uns sendet
Hanns Sauter Sauter.

Dietrich Bonhoeffer

Jeder Morgen ist ein neuer Anfang

Segensworte

benno

Jeder neue Morgen ist ein neuer Anfang

Jeder neue Morgen ist ein neuer Anfang unseres Lebens. Jeder Tag ist ein abgeschlossenes Ganzes. Der heutige Tag ist die Grenze unseres Sorgens und Mühens (Matthäus 6,34; Jakobus 4,14). Er ist lang genug, um Gott zu finden oder zu verlieren, um Glauben zu halten oder in Sünde und Schande zu fallen. Darum schuf Gott Tag und Nacht, damit wir nicht im Grenzenlosen wanderten, sondern am Morgen schon das Ziel des Abends vor uns sähen. Wie die alte Sonne doch täglich neu aufgeht, so ist auch die ewige Barmherzigkeit Gottes alle Morgen neu (Klagelieder 3,23).

Die alte Treue Gottes allmorgendlich neu zu fassen, mitten in einem Leben mit Gott täglich ein neues Leben mit ihm beginnen zu dürfen, das ist das Geschenk, das Gott mit jedem neuen Morgen macht. ...

Das Leben – ein Geschenk!

Dem Dankbaren wird alles zum Geschenk, weil er weiß, dass es für ihn überhaupt kein verdientes Gut gibt.

Dankbarkeit entspringt nicht aus dem eigenen Vermögen des menschlichen Herzens, sondern aus dem Wort Gottes. Dankbarkeit muss darum gelernt und geübt werden.

In der Dankbarkeit gewinne ich das rechte Verhältnis zu meiner Vergangenheit. In ihr wird das Vergangene fruchtbar für die Gegenwart.

Dankbarkeit ist demütig genug, sich etwas schenken zu lassen. Der Stolze nimmt nur, was ihm zukommt. Er weigert sich, ein Geschenk zu empfangen.

Dankbarkeit sucht über der Gabe den Geber. Sie entsteht an der Liebe, die sie empfängt.

Dankbarkeit macht das Leben erst reich.

Mit Gott auf dem Lebensweg

Mit Gott tritt man nicht auf der Stelle, sondern man beschreitet einen Weg. Es geht voran oder man ist nicht mit Gott. Gott kennt den ganzen Weg, wir wissen nur den nächsten Schritt und das letzte Ziel. ... Die Hauptsache ist, dass man mit Gott Schritt hält und ihm nicht immer einige Schritte vorauseilt, allerdings auch keinen Schritt hinter ihm zurückbleibt. ...
Die eigenen Wege führen im Kreise immer zu uns selbst zurück. Aber wenn Gott unsere Wege leitet, dann führen sie zu ihm. Gott leitet uns durch Glück und Unglück – immer nur zu Gott. Daran erkennen wir Gottes Wege. ...

Schritt für Schritt

Unser Leben ist keine einfache gerade Linie, die unser Wille und Verstand zieht, sondern das Leben ist etwas, das aus zwei verschiedenen Linien gebildet ist, zwei verschiedenen Elementen, zwei verschiedenen Kräften. – Das Leben setzt sich zusammen aus des Menschen Gedanken und Gottes Wegen; und in Wahrheit gibt es das gar nicht: des Menschen Weg – denn: „des Menschen Herz denkt sich einen Weg aus" (Sprüche 16,9) – das will sagen, da ist nur ein Weg-Entwurf, ein Weg in der Idee, in Theorie, in Illusion – sondern da ist nur ein wirklicher Weg, den wir unvermeidlich zu gehen haben, und das ist Gottes Weg. Der Unterschied zwischen den beiden Leben ist, dass der Mensch das Ganze seines Lebens auf einmal voraussehen möchte, aber Gottes Weg geht nur Schritt für Schritt. „Des Menschen Herz denkt sich seinen Weg aus, aber der Herr lenkt seine Schritte." ...

Gott möchte, dass der Mensch Schritt für Schritt geht, nicht von seinen eigenen Ideen über das Leben geleitet, sondern von Gottes Wort, welches bei jedem Schritt zu ihm kommt, wann immer er danach fragt. Es gibt kein Wort von Gott für das Ganze unseres Lebens. Gottes Wort ist neu und frei heute und morgen, und es kann nur auf den Augenblick bezogen werden, in welchem wir es hören.

Wirklich Mensch sein

Christus lehrt keine abstrakte Ethik, die – koste es, was es wolle – durchgesetzt werden müsste. Christus war nicht wesentlich Lehrer, Gesetzgeber, sondern Mensch, wirklicher Mensch wie wir. Er will darum auch nicht, dass wir in erster Linie Schüler, Vertreter und Verfechter einer bestimmten Lehre seien, sondern Menschen, wirkliche Menschen vor Gott. Christus liebte nicht wie ein Ethiker eine Theorie über das Gute, sondern er liebte den wirklichen Menschen.

Leben als Antwort

Wir leben, indem wir auf das in Jesus Christus an uns gerichtete Wort Gottes Antwort geben. Weil es ein auf unser ganzes Leben gerichtetes Wort ist, darum kann auch die Antwort nur eine ganze, mit dem ganzen Leben, wie es sich jeweils handelnd realisiert, gegebene sein.

Sorge dich nicht

Die Güter spiegeln dem menschlichen Herzen vor, ihm Sicherheit und Sorglosigkeit zu geben; aber in Wahrheit verursachen sie gerade erst die Sorge. Das Herz, das sich an die Güter hängt, empfängt mit ihnen die erstickende Last der Sorge. Die Sorge schafft sich Schätze, und die Schätze schaffen wieder die Sorge. Wir wollen unser Leben durch die Güter sichern, wir wollen durch Sorge sorglos werden; aber in Wahrheit erweist sich das Gegen-

teil. Die Fesseln, die uns an die Güter binden, die die Güter festhalten, sind selbst – Sorgen. Der Missbrauch der Güter besteht darin, dass wir sie zur Sicherung für den nächsten Tag gebrauchen. Sorge ist immer auf das Morgen gerichtet. Die Güter aber sind in strengstem Sinn allein für das Heute bestimmt. Gerade die Sicherung für den morgigen Tag macht mich heute so unsicher. Es ist genug, dass jeder Tag seine eigene Plage habe (Matthäus 6, 34). Wer das Morgen ganz in die Hand Gottes legt und heute ganz empfängt, was er zum Leben braucht, der allein ist wahrhaft gesichert. Das tägliche Empfangen macht mich frei vom Morgen. Der Gedanke an das Morgen liefert mich der unendlichen Sorge aus.

Fröhliche Gewissheit

Wir dürfen wissen, dass Gott weiß, was wir bedürfen, ehe wir darum bitten. Das gibt unserem Gebet größte Zuversicht und fröhliche Gewissheit.

Der Wunsch, alles durch sich selbst sein zu wollen, ist ein falscher Stolz. Auch was man anderen verdankt, gehört eben zu einem und ist ein Stück des eigenen Lebens.

Man soll Gott in dem finden und lieben, was er uns gerade gibt.

Gott wird besser geehrt, wenn wir das Leben, das er uns gegeben hat, in allen seinen Werten kennen und ausschöpfen und lieben und darum auch den Schmerz über beeinträchtigte oder verlorene Lebenswerte stark und aufrichtig empfinden. Lebe vor Gott als der, zu dem er dich gemacht hat!

Von der Freude erfasst

Bei Gott wohnt die Freude und von ihm kommt sie herab und ergreift Geist, Seele und Leib, und wo diese Freude einen Menschen gefasst hat, dort greift sie um sich, dort reißt sie mit, dort sprengt sie verschlossene Türen. Es gibt eine Freude, die von Schmerz, Not und Angst des Herzens gar nichts weiß; sie hat keinen Bestand, sie kann nur für Augenblicke betäuben. Die Freude Gottes ist durch die Armut der Krippe und die Not des Kreuzes gegangen; darum ist sie unüberwindlich, unwiderleglich.

Warten

Es gibt menschliche Grundwahrheiten, zu denen das Leben früher oder später immer wieder zurückkehrt. Darum dürfen wir keine Eile haben, wir müssen warten können. „Gott sucht wieder auf, was vergangen ist", heißt es in der Bibel. … Warten kann nicht jeder: nicht der gesättigte, zufriedene und nicht der respektlose. Warten können nur Menschen, die eine Unruhe mit sich herumtragen, und Menschen, die zu dem Größ-

ten in der Welt in Ehrfurcht aufblicken. ... Niemand besitzt Gott so, dass er nicht mehr ganz auf ihn warten müsste. Und doch: niemand kann auf Gott warten, der nicht wüsste, dass Gott schon längst auf ihn gewartet hat.

Alles hat seine Stunde

Gott wird dem, der ihn in seinem irdischen Glück findet und ihm dankt, schon nicht an Stunden fehlen lassen, in denen er daran erinnert wird, dass alles Irdische nur etwas Vorläufiges ist und dass es gut ist, sein Herz an die Ewigkeit zu gewöhnen. ... Dies alles hat seine Zeit, und die Hauptsache ist, dass man mit Gott Schritt hält und ihm nicht immer schon einige Schritte vorauseilt, allerdings auch keinen Schritt hinter ihm zurückbleibt. Es ist Übermut, alles auf einmal haben zu wollen. Alles hat „seine Stunde“: „weinen und lachen, ... herzen und ferne sein von herzen, ... zerreißen und zunähen ... (Prediger 3, 4, 5b. 7a) und Gott sucht wieder auf, was vergangen ist“ (Prediger 3, 15b). Dies letzte heißt doch wohl, dass nichts Vergangenes verloren ist, dass Gott mit uns unsere Vergangenheit, die zu uns gehört, wieder aufsucht. Wenn also die Sehnsucht nach einem Vergangenen uns überfällt – und das geschieht zu völlig unberechenbaren Zeiten –, dann können wir wissen, dass das nur eine der vielen „Stunden“ ist, die Gott für uns noch bereithält, und dann sollen wir wohl nicht auf eigene Faust, sondern mit Gott das Vergangene wieder aufsuchen. ... Es gibt in der ganzen Weltgeschichte immer nur eine wirklich bedeutsame Stunde – die Gegenwart. Wer aus der Gegenwart flieht, flieht den Stunden Gottes.

Das Geringe und das Große im Gebet

Nur der für das Geringe dankt, empfängt auch das Große. Wir hindern Gott, uns die großen geistlichen Gaben, die er für uns bereit hat, zu schenken, weil wir für die täglichen Gaben nicht danken. Wir meinen, wir dürften uns mit dem kleinen Maß uns geschenkter geistlicher Erkenntnis, Erfahrung, Liebe nicht zufrieden geben und hätten immer nur begehrlich nach den großen Gaben auszuschauen (Jeremia 45, 5). Wir beklagen uns dann darüber, dass es uns an der großen Gewissheit, an dem starken Glauben, an der reichen Erfahrung fehle, die Gott doch anderen Christen geschenkt habe, und wir halten diese Beschwerden für fromm. Wir beten um die großen Dinge und vergessen, für die täglichen, kleinen (und doch wahrhaftig nicht kleinen!) Gaben zu danken. Wie kann aber Gott dem Großes anvertrauen, der das Geringe nicht dankbar aus seiner Hand nehmen will? Danken wir nicht täglich für die christliche Gemeinschaft, in die wir gestellt sind, auch dort, wo keine große Erfahrung, kein spürbarer Reichtum, sondern wo viel Schwäche, Kleinglauben, Schwierigkeit ist, beklagen wir uns vielmehr bei Gott immer nur darüber, dass alles noch so armselig, so gering ist, so gar nicht dem entspricht, was wir erwartet haben, so hindern wir Gott, unsere Gemeinschaft wachsen zu lassen nach dem Maß und Reichtum, der in Jesus Christus für uns alle bereitliegt.

Glück und Wohlergehen

Es ist Gottes Wille, dass es denen, die in seinen Geboten wandeln, wohl gehe. Es ist kein Zeichen eines starken und reifen Glaubens, wenn uns dieser Satz Verlegenheit bereitet, wenn wir sagen, Gott hat größere Dinge mit uns vor, als für unser Wohlergehen zu sorgen. Es gibt Christen, die geistlicher sein wollen als Gott selbst. Sie reden gern von Kampf, Entsagung, Leiden und Kreuz, aber es ist ihnen fast peinlich, dass die Heilige Schrift eben nicht nur davon, sondern gar nicht oft genug von dem Glück der Frommen, von dem

Wohlergehen der Gerechten sprechen kann. Sie sagen dann wohl, das sei alttestamentlich und überholt. Der wahre Grund ihrer Verlegenheit aber liegt darin, dass ihr Herz zu eng ist, um die ganze Freundlichkeit Gottes zu fassen, zu eng, um Gott auch in der Fülle der irdischen Gaben zu ehren, die er denen zuteil werden lässt, die in seinem Gesetz leben. Sie wollen Schulmeister der Heiligen Schrift sein und bringen sich damit um die volle Freude ihres Christenstandes und versagen Gott den schuldigen Dank für seine große Freundlichkeit.

Bibliografische Information der Deutschen Nationalbibliothek
Die Deutsche Nationalbibliothek verzeichnet diese Publikation in der Deutschen Nationalbibliografie; detaillierte bibliografische Daten sind im Internet über http://dnb.d-nb.de abrufbar.

Quellenverzeichnis

Texte:
Seite 2: Widerstand und Ergebung, DBW Band 8, Seite 607f und Seite 543
Seite 4: Nachfolge, DBW Band 4, Seite 158
Seite 6/7: Illegale Theologenausbildung: Finkenwalde 1935-1937, DBW Band 14, Seite 871f.
Seite 8: Konspiration und Haft 1940-1945, DBW Band 16, Seite 490f.
Seite 9: Konspiration und Haft 1940-1945, DBW Band 16, Seite 491; Widerstand und Ergebung, DBW Band 8, Seite 158
Seite 10: Illegale Theologenausbildung: Sammelvikariate 1937-1940, DBW Band 15, Seite 507f.
Seite 12/13: London 1933-1935, DBW Band 13, Seite 513
Seite 14: Ethik, DBW Band 6, Seite 85f.
Seite 15: Ethik, DBW Band 6, Seite 253
Seite 16/17: Nachfolge, DBW Band 4, Seite 171
Seite 18: Nachfolge, DBW Band 4, Seite 158; Widerstand und Ergebung, DBW Band 8, Seite 216; Widerstand und Ergebung, DBW Band 8, Seite 244
Seite 19: Widerstand und Ergebung, DBW Band 8, Seite 289; Ökumene, Universität, Pfarramt 1931-1932, DBW Band 11, Seite 464f.
Seite 21: Konspiration und Haft 1940-1945, DBW Band 16, Seite 373
Seite 22/23: Widerstand und Ergebung, DBW Band 8, Seite 429f; Barcelona, Berlin, Amerika 1928-1931, DBW Band 10, Seite 529, 530, 531, 532; Ökumene, Universität, Pfarramt 1931-1932, DBW Band 11, Seite 393
Seite 25: Widerstand und Ergebung, DBW Band 8, Seite 244 f.; Schöpfung und Fall, DBW Band 3, Seite 514
Seite 27: Gemeinsames Leben/Das Gebetbuch der Bibel, DBW Band 5, Seite 25
Seite 28/29: Illegale Theologenausbildung: Sammelvikariate 1937-1940, DBW Band 15, Seite 504
Seite 31: Widerstand und Ergebung, DBW Band 8, Seite 36

Fotos:
Titel: © Konstiantyn/Fotolia.de, Seite 2/3: © Brian Burton Arsenault/Shutterstock.de, Seite 4: © neirfy/Fotolia.de, Seite 6: © anoli/Fotolia.de, © Wolfilser/Fotolia.de, © Wolfilser/Fotolia.de, Seite 7: © reichdernatur/Fotolia.de, Seite 8/9: © lily/Fotolia.de, Seite 10: © robynmac/Fotolia.de, Seite 11: © ChantalS/Fotolia.de, Seite 12: © moonrise/Fotolia.de, Seite 13: © Jenny Sturm/Fotolia.de, Seite 14/15: © gradt/Fotolia.de, Seite 16: © BildPix-de/Fotolia.de, Seite 17: © womue/Fotolia.de, Seite 18: © Liliia Rudchenko/Fotolia.de, Seite 19: © Olivier Le Moal/Fotolia.de, Seite 20/21: © optimarc/Shutterstock.com, Seite 22: © vencav/Fotolia.de, Seite 23: © korionov/Fotolia.de, Seite 24/25: © Africa Studio/Fotolia.de, Seite 26: © klagyivik/Fotolia.de, Seite 27: © lesslemon/Fotolia.de, Seite 28/29: © Zerophoto/Fotolia.de, Seite 31: © Le Do/Shutterstock.com

Besuchen Sie uns im Internet:
www.st-benno.de

ISBN 978-3-7462-4614-7

Umschlag und Gestaltung: Ulrike Vetter, Leipzig
Gesamtherstellung: Arnold & Domnick, Leipzig (B)